Britta Heidel

Analyse und Datierung der Prinias-Stelen

GRIN Verlag

Bibliografische Information der Deutschen Nationalbibliothek:

Die Deutsche Bibliothek verzeichnet diese Publikation in der Deutschen National-
bibliografie; detaillierte bibliografische Daten sind im Internet über http://dnb.d-
nb.de/ abrufbar.

Impressum:

Copyright © 2004 GRIN Verlag GmbH
Druck und Bindung: Books on Demand GmbH, Norderstedt Germany
ISBN: 978-3-638-91007-1

Dieses Buch bei GRIN:

http://www.grin.com/de/e-book/75624/analyse-und-datierung-der-prinias-stelen

GRIN - Your knowledge has value

Der GRIN Verlag publiziert seit 1998 wissenschaftliche Arbeiten von Studenten, Hochschullehrern und anderen Akademikern als eBook und gedrucktes Buch. Die Verlagswebsite www.grin.com ist die ideale Plattform zur Veröffentlichung von Hausarbeiten, Abschlussarbeiten, wissenschaftlichen Aufsätzen, Dissertationen und Fachbüchern.

Besuchen Sie uns im Internet:

http://www.grin.com/

http://www.facebook.com/grincom

http://www.twitter.com/grin_com

Ruhr-Universität Bochum

Klassische Archäologie

Hauptseminar: Literarische Quellen zur griechischen Malerei

Sommersemster 2004

Analyse und Datierung der Prinias-Stelen

Eingereicht von: Britta Heidel

Studiengang: Kunstgeschichte 6

Klassische Archäologie 6

Wirtschaftswissenschaft 6

Abschluß: Magister

Inhaltsverzeichnis

1. Einleitung

Fachliteratur, die sich mit der Geschichte der griechischen Kunst beschäftigt, verweist bei der Problematik der Malerei als „Notbehelf" oftmals auf die Vasenmalerei der jeweiligen Epochen, um auf diese Weise eine ungefähre Vorstellung über die Gemälde, sowie die Technik der Maler und zeichnerische Entwicklung zu vermitteln.[1]

Die technischen Möglichkeiten waren bis ca. in den achtziger Jahren des letzten Jahrhunderts noch begrenzt, um eine detaillierte Forschung über die Malerei der Archaik und des Hellenismus auf den wenigen erhaltenen Originalen dieser Epochen durchführen zu können.

So konnte oft nur ein Bezug über antike Schriftsteller wie Plinius oder Pausanias hergestellt werden, um dem Leser eine Vorstellung über die Farbenpracht, das Können und die verlorenen Werke anerkannter Künstler zu vermitteln.

Heute verfügt die Wissenschaft allerdings über Methoden, die es ermöglichen, diesen Verlust wieder sichtbar zu machen und mögliche Fehler bei Rekonstruktionen zu korrigieren. Auf vielen Werken kann eine fotografische Normalaufnahme von dem „verborgenen" Bild nichts vermitteln. Dagegen tritt in einer UV-Aufnahme die Darstellung hervor und läßt sich erfassen. Die verlorene Farbe wird so wieder sichtbar und gibt der Darstellung ihre Substanz zurück.[2] Eben dieses Verfahren und die Methode der Streiflichtaufnahme ermöglichen es eine eventuelle Rekonstruktion der Stelen von Prinias herstellen und den Stellenwert dieser Werke neu definieren zu können. Lange Zeit wurden diese Grabmonumente für frühe Zeugnisse der Reliefkunst gehalten, obwohl Farbspuren schon bei der Auffindung registriert wurden. So stellen sich die Fragen, welchen Stellenwert die ursprüngliche Farbigkeit bei diesen Stelen hatte und welche Stufe der Malereientwicklung repräsentieren sie. Ausgangspunkt für diese Fragestellung bildet das Kapitel über die Prinias-Stelen aus Nadia Kochs Buch „De picturae initiis - Die Anfänge der griechischen Malerei im 7. Jh. v. Chr."

---

[1] Friedrich Matz: Geschichte der griechischen Kunst, Frankfurt 1950, S. 211-213
[2] Prof. Dr. Volkmar von Graeve: Neue Methoden zur Erforschung antiker Malerei, Sonderdruck aus: Jahrbuch der Ruhr-Universität Bochum, Bochum 1988, S. 81-93

2. Die früharchaische Malerei

Literarische Quellen liefern historische Hinweise und Fakten zur Wertschätzung von Bildern, den Besitzer oder den Preis. Die Texte beziehen sich leider vorwiegend nur auf den Ruhm der Tafelmaler. Als transportable Kunstwerke verbreiteten diese Tafelgemälde den Ruhm ihrer Schöpfer rascher als die an einem Ort fixierten Wandgemälde.[3] Die Schlachtdarstellung beispielsweise, die Boularchos auf hölzernem Malgrund für den Lyderkönig Kandaules anfertigte, ist das älteste griechische Gemälde, von dem sogar Plinius in seiner Naturalis Historia zu berichten weiß.[4]

„Ist es doch sogar zugestanden, daß das Gemälde des Boularchos mit der Schlacht der Magneten von dem lydischen König Kandaules, dem letzten der Herakliden, der auch Myrsilos genannt wird, mit Gold aufgewogen wurde. So hoch ward damals schon die Malerei geschätzt..."[5]

Die früharchaische Malerei zeichnet sich nicht nur anhand ihrer erhaltenen Exponate in der Vasenmalerei aus, sondern auch durch wenige erhaltene Bildnisse auf hölzerne Tafeln. Die frühesten Beispiele für griechische Tafelbilder, die von Plinius tabula genannt wurden, stammen allerdings aus dem sechsten Jahrhundert. Hierbei handelt es sich um vier Weihebildnisse, die aufgrund von günstigen Konservierungsbedingungen in Pitsa bei Korinth in einer Höhle entdeckt worden sind.[6].

War die Malerei allerdings den Umwelteinflüssen ausgesetzt, so wurde vorrangig Stein als Malgrund verwendet. Vergleichbar zu der Malerei auf Holz wurden auch hier möglichst dünne, rechteckige Platten verwendet. Bevor der Maler mit dem Malvorgang begann, wurde die Vorderseite der Tafel fein geglättet. Auf diese Weise konnte die Farbe ohne weitere Grundierung direkt auf den Stein aufgetragen werden. Die frühesten Beispiele dieser Malerei stellen die Stelen aus dem kretischen Prinias dar.

---

[3] Ingeborg Scheibler: Griechische Malerei der Antike, München 1994, S. 9
[4] Dr. Heinrich Brunn: Geschichte der griechischen Künstler – Die Maler. Die Architekten. Die Toreuten. Die Münzstempelschneider. Die Gemmenschneider. Die Vasenmaler, 2. Band, 2. Auflage, Stuttgart 1889, S. 4
[5] Hg. Roderich König: C. Plinius Secundus d. Ä.: Naturkunde – Lateinische – Deutsch, 35. Band, 2. Auflage, Darmstadt 1997, Kapitel 55 und 27 ff.
[6] Nadia J. Koch: De picturae initiis - Die Anfänge der griechischen Malerei im 7. Jh. v. Chr., München 1996, S. 7

Die mit freistehenden Figuren versehenen Platten wurden schon zu Beginn des siebten Jahrhunderts hergestellt.[7]

2.1 Die Stelen von Prinias, ein Beispiel für früharchaische Tafelmalerei

Zu Beginn des vergangenen Jahrhunderts wurden von L. Pernier und später noch in den fünfziger Jahren von N. Platon insgesamt 22 früharchaische Kalksteinplatten im kretischen Prinias ausgegraben. Diese dünnwandigen Platten haben eine Höhe von ca. einem Meter und wurden als Mauer- oder Pflastersteine in der dortigen Festung vorgefunden.[8] Über die ursprüngliche Verwendung dieser Stelen lassen sich leider nur Vermutungen anstellen. Heute befindet sich einundzwanzig Stelen im Museum von Hiraklion.[9] Eine weitere, die sogenannte Columbia-Stele, ist im Museum of Art and Archaeology, University of Columbia in Missouri untergebracht.

Die Oberflächenglättung der Kalksteinplatten stellen einen Gegensatz zu der groben Bearbeitung der Rück- und Außenseite dar. Dies führte bei Lebessi zu der Annahme, daß die Aufstellung diese Stelen nicht frei erfolgte, sondern in würfelförmige Grabbauten eingemauert worden waren.[10] Diese Art ist auf zahlreichen geometrischen Nekropolen Griechenlands vorzufinden. Allerdings besteht auch die Möglichkeit, daß alle oder mehrere dieser Platten, wie von Adams vermutet wurde, Temenosschranken vermauert worden sind.[11] Dies führt wiederum zu einer Problematik der zeitlichen Einordnung, da die Theorie über die Nutzung eine gleichzeitige Herstellung der Stelen voraussetzt.

Auf der geglätteten Oberfläche heben sich figürliche Darstellungen von Frauen und bewaffneten Männern ab. Die 15 Krieger sind alle mit Schild,

---

[7] Ebd.: S. 8
[8] Ebd.: S. 105
[9] J.A. Sakelarikis: Museum Heraklion. Illustrierter Führer durch das Museum, Heraklion 1979
[10] A. Lebessi: Hoi steles tou Prinia, Athen 1976, S. 62 ff.
[11] Peter Blome: Die Figürliche Bildwelt Kretas in der geometrischen und früharchaischen Periode, Mainz 1982, S. 49
Lauren Adams: Orientalizing sculpture in soft limestone from Grete and Mainland Greece, Oxford 1978, S. 42, 44 ff.

Lanze und Helm ausgerüstet. Ähnlich der spätgeometrischen Vasenmalerei wird der nach links gerichtete Körper von der wuchtigen Schildfläche überdeckt, so daß lediglich der behelmte Kopf und die teilweise beschienten Beine erkennbar sind. In einigen Fällen ragt über dem Schildrand noch die rechte Hand hervor, die den Lanzenschaft entweder fest umschlossen hält oder parallel zur Lanze ausgestreckt ist (Abb.1-3).

Nur sechs Stelen sind mit Frauendarstellungen versehen. Zwei der abgebildeten weiblichen Gestalten sind im Profil dargestellt und blicken rechts (Abb. 6-9). Abgesehen von einer Figur, die einen Vogel in der linken und einen Kranz in der rechten Hand hält, erhalten die Frauen als Attribut eine Spindel.[12] Aufgrund der wiederholten Umsetzung desselben Bildtypus wird ebenfalls deutlich ebenfalls, daß die Stelen möglicherweise nicht gleichzeitig hergestellt worden sind, sondern über einen längeren Zeitraum hinweg. Lebessi vermutet, daß die Herstellungsphase sich zwischen dem zweiten Viertel bis zum Ende des siebten Jahrhunderts zugetragen haben muß.[13] Zur Beweisführung ihrer These, übertrug sie die namentlich an den Terrakotten von Gortyn offenbaren Kriterien des Formwandels menschlicher Figuren dädalischer Zeit auf diese Grabstelen.[14] So läßt sich z. B. am Verhältnis des Kriegerkörpers zum Schild die fortschreitende Bewältigung des menschlichen Körpers auf Stein ablesen.

Matz vergleicht in seinem Buch „Geschichte der griechischen Kunst" diese Stelen von Prinias vom Typus her mit dem Relief der bronzenen Mitra aus Rethymnos und der reliefartigen Darstellung auf dem Kannenhals Afrati.[15] Allerdings handelt es sich bei den Stelendarstellungen nicht um positive Reliefs[16], sondern um Ritzlinien, die mit einem Stichel in den weichen Kalkstein eingraviert wurden.[17] Diese Methode ist vorangig bei kretischen Bronzereliefs vorzufinden, die häufig in kombinierter Treib- und Ritztechnik gearbeitet sind. Allerdings muß berücksichtigt werden, daß die Stelen sehr stark den Umwelteinflüssen ausgeliefert, so daß es teilweise schwie-

---

[12] Nadia J. Koch: S. 105
[13] A. Lebessi: S. 45 ff.
[14] Peter Blome: S. 49
[15] Friedrich Matz: Geschichte der griechischen Kunst, Band 1, Frankfurt am Main 1950, S. 489
[16] Ebd.: S. 489
[17] Peter Blome: S. 48

rig ist den Verlauf der Umzeichnung anhand einer Streiflichtaufnahme nachvollziehen zu können.

Bei der Festlegung dieser Konturen wurde zwischen der Darstellung von Gebrauchsgegenständen und menschlichen Körperpartien unterschieden. So wurden Hautpartien mit einer doppelten Umrandung versehen, während Kleidung, Waffen, Schilde und andere Werkzeuge des täglichen Lebens nur eine einfache Linie vorweisen. Ähnliches gilt auch für die Binnenzeichnungen des Inkarnats. So wurden auch hier die Linien für Muskelverläufe, Gelenke und Augen doppelt geritzt. Daraus läßt sich schließen, daß der Stelenhandwerker sehr auf die Unterscheidung zwischen der Hautstruktur und der Beschaffenheit der Gegenstände bedacht war. Die eingeritzten Konturen tragen also hilfreich zum leichteren Verständnis der Darstellung auf den Stele bei. Über die angewandte Technik ist bekannt, daß vor dem Farbauftrag die Konturen der Figuren in den Stein gemeißelt und diese anschließend mit dunkler Farbe nachgezogen wurden. Dies scheint bei diesen Stelen ebenfalls der Fall sein.

Zur Rekonstruktion der Farbigkeit werden insbesondere Fragmenten zur Untersuchung herangezogen, deren Oberflächen nicht so stark versintert sind. Auf einer der Kriegerstelen, die ebenfalls zu dieser Gruppe gehört und 1973 in Columbia bekannt wurde, war die ursprüngliche Bemalung noch fast vollständig erhalten.[18] Der Körper des nach links gerichteten Kriegers wird vollständig von seinem Rundschild bedeckt, den er zusammen mit der Lanze in seiner linken Hand hält. Sein rechter Arm ist parallel zur Lanzenspitze ausgestreckt. Der Kopf und die Beine sind mit zwei parallel verlaufenden Ritzlinien umfahren. Pigmentreste daraufhin deuten, daß die Stege zwischen den Doppellinien farbig hervorgehoben waren. Aufgrund dieser starken Ausdehnung der auf diese entstehenden Kontur entsteht eine reliefartige Wirkung der Figur (Abb.1).

Ungewöhnlich ist allerdings, daß nicht nur die Lanze sondern auch die rechte Hand des Kriegers komplett koloriert worden sind. Diese Bearbeitungsweise läßt sich nicht nur an dieser Stele feststellen, sondern auch auf den übrigen Monumenten mit den Frauen- bzw. Kriegerdarstellungen. Die Hände und Füße sind auch hier nur einfach umritzt und wurden an-

---

[18] Nadia Koch: S. 107

7

scheinend, ausgehend von den Rekonstruktionen von Nadia Koch (Abb.3, 7, 9), ebenfalls vollständig koloriert. Möglicherweise war aufgrund der Feingliedrigkeit dieser Fläche eine Doppelgravur sehr schwierig bzw. fast unmöglich. Diese Theorie ist eventuell abhängig von der Größe der figürlichen Darstellung , wie sich anhand eines Oberkörperfragmentes aus dieser Stelengruppe nachweisen läßt (Abb. 4 –5).

Leider wurde die Entdeckung der Farbigkeit in den siebziger Jahren nicht weiter untersucht, so daß durch sie kein vollständiger Aufschluß über die ehemalige Farbgestaltung der Oberfläche gegeben werden kann. Dennoch wird deutlich, daß nicht nur durch die Umritzung die einzelnen Partien hervorhebt, sondern eventuell auch eine unterschiedliche Farbgebung. Auf die daraus resultierende Frage, welchen Stellenwert das Kolorit hierbei hatte, wird in dem folgenden Kapitel näher eingegangen.

2.1.1 Darstellungsweise und Farbigkeit dieser Grabmonumente

In seiner aufgezeigten Entwicklung der Malerei verweist Plinius auf die Strichzeichnung und die erste farbige Darstellung der Kontur.

„Die Strichzeichnung soll von dem Ägypter Philokles oder Kleanthes aus Korinth erfunden worden sein; zuerst haben Arideikes aus Korinth und Telephanes aus Sikyon sie ausgeübt, aber auch sie noch ohne irgendwelche Farbe, jedoch schon mit Strichzeichnungen im Innern. ... Ekphantos aus Korinth soll nach der Überlieferung der Erste gewesen sein, der < die Bilder > mit einer Farbe aus zerriebenen Scherben bemalte..."[19]

Diese Textpassage könnte demnach als Schlüssel weiterhelfen, um das handwerkliche Abfolge auf diesen Grabmonumenten analysieren zu können. Die von Plinius beschriebene „Stichzeichnung" wird von der einfarbigen Malerei, der sogenannten Monochromata, abgelöst. Wie im vorherigen Kapitel schon festgestellt worden ist, wurde bei der Darstellungsweise der Columbia-Stele nicht nur sehr viel Wert auf die Doppelgravur gelegt, sondern auch auf dessen farbige Akzentuierung.

Um eine genaue Vorstellung der ursprünglichen Wirkung der Prinias-Stelen zu erhalten, wurden Untersuchungen bezüglich verbliebener Pigmentspuren an den übrigen Stelen in Hiraklion durchgeführt. Allerdings erwies sich hierbei die Versinterung der Plattenoberflächen als Hindernis, da nur die Abtragung des Sinters eine Überprüfung auf weiter Farbspuren ermöglicht hätte. Pigmente sind häufig vergraut oder chemisch umgeschlagen, so daß ihr ursprünglicher Farbwert nicht mehr erkennbar ist. Frau Koch deutet daraufhin, daß in „Zweifelsfällen nur mit Hilfe von chemischen Untersuchungen eine Unterscheidung zwischen Kolorit und Verwitterungsspuren" vorgenommen werden kann. Ob solche ausführliche Überprüfungen durchgeführt wurden, läßt sie leider offen.[20]

Da allerdings in der archaischen Zeit die Farbe kompakt und gleichmäßig aufgetragen worden ist, reichen oft geringe Spuren, um die ursprüngliche Farbgebung rekonstruieren zu können. Leider konnte lediglich an einer weiteren, fragmentarisch erhaltenen Stelen das Prinzip der Columbia-Stele belegt werden (Abb. 4 und Abb. 5). Von diesem Grabmonument ist leider nur die Oberkörperdarstellung erhalten. Die Figur, dessen linker Arm leicht angewinkelt wurde, ist nach links gewendet und im Profil erkennbar. Ob es sich bei diesem Fragment um eine Frauen- oder Männerdarstellung handelt, wird auch anhand der Rekonstruktion von Frau Koch nicht ersichtlich. Vergleichbar zur Columbia-Stele wurde auch hier die Konturen des Inkarnats mit einer Doppelritzung versehen. Reste rotbrauner Farbe an der Armbeuge deuten daraufhin, daß die Kontur der Darstellung farbig hervorgehoben worden ist. Da in der „Körperfläche" selber kein Pigmente nachgewiesen wurden, kann davon ausgegangen werden, daß diese Stellen nur die Farbe des Kalksteines besaßen.

Auf den ersten Blick waren auf einer weiteren Stele im Schildkriegertypus (Abb. 2), die sich ebenfalls in Hiraklion befindet, besonderes auffällige dunkelgraue Schattierungen im Inneren des Helmbusches zu erkennen. Allerdings stellte sich heraus, daß es sich hierbei nicht um Farbreste, son-

---

[19] Roderich König (Hg.): C. Plinius Secundus d. Ä.: Naturkunde – Lateinische – Deutsch, 35. Band, 2. Auflage, Darmstadt 1997, Kap. 5, 16
[20] N. Koch : S.108

dern um Ablagerungen handelte. Diese Art von Flecken traten auch vereinzelt auf dem Bildhintergrund auf.[21]

Auf den Stelen sind zwei Arten der Binnenzeichnung nach zu weisen, zum einen einfach und doppelt geritzte. Wie bei dem Beispiel der Columbia-Stele festgestellt wurde, sind die breiten Stege zwischen den doppelten Ritzungen mit Farbe ausgefüllt und erhalten somit den Wirkung einer breite Linien. Für Flächen mit einfach geritzter Binnenzeichnung nimmt N. Koch an, das es diese beim Farbauftrag einfach ausgespart wurden. Auf diese Weise blieben helle Linien in einer mit dunklen Farbe ausgefüllten Fläche sichtbar.[22] Dies wird besonders deutlich bei der Rekonstruktion der Kriegerstele aus Hiraklion (Abb. 2, 3). Die Binnenzeichnungen des Schildes, den die Figur vor sich mit der linken Hand hält, wurden tief und breit in den Kalkstein eingraviert, so daß die Gravur hell zwischen der dunklen Übermalung hervorscheint. Ein weiteres Beispiel für diese Technik ist ein Fragment einer Kriegerstele (Abb. 10, 11), von der sich nur die untere Hälfte mit Schild und Beinen erhalten hat. Zur Linken in Kniehöhe ist eine kleine Adorandenfigur abgebildet, die sich zum Krieger emporreckt und ihm eine Blüte entgegen reicht. Vergleichbar zur Columbia-Stele sind die Muskelverläufe und das Inkarnat der Beine durch doppelte Gravuren hervorgehoben. Lediglich die Beinschienen besitzen eine tiefe Einfachritzung. Ausgehend von dem erarbeitete Herstellungsmodell ist anzunehmen, daß die Stege farbig hervorgehoben worden sind. Das Gewand des Adoranten weist nur geringe Spuren von Ritzungen einer Binnenzeichnung auf, die Aufschluß über die Farbgestaltung der Fläche geben könnte. Daher liegt hier das Augenmerk auf blasse, rote Farbspuren, die links oberhalb des Saumes vorzufinden sind. Sie sind ein Beweis dafür, daß bei dem Herstellungsprozeß nicht mehr die Doppellinie ausschlaggebend für die Darstellung ist. Die Ritzungen wurden nun viel mehr gesetzt, um die farbige Fläche mit Verzierungen zu akzentuieren und hervorzuheben. Ähnliches läßt sich auch bei den Frauendarstellungen feststellen.

Im Gegensatz zu den menschlichen Darstellungen der „geometrischen„ Zeit scheinen diese Figuren dem Betrachter organischer entgegenzutre-

---

[21] Ebd.: S.108

ten. Obwohl Ihre Bewegungen wie z. B. die Schrittstellung der Krieger oder auch die Haltung der Frauen erscheinen von mal zu mal fließender und der Stand wird sicherer zu werden. Ebenfalls wird der Betrachter näher an die Gegenstände herangeführt. Die Frauen sind mit einem langen fließenden Chiton und einem kurzen Mantel, der bis zur Hüfte reicht, bekleidet. Dabei reichte es dem Stelenhandwerker nicht, die unterschiedlichen Kleidungsschichten anzudeuten. Er versuchte auch den Faltenwurf und Ornamenten, mit denen die Gewänder versehen sind, durch Ritzungen innerhalb der Flächen wiederzugeben (Abb.6 - 9). Die gleiche Vorgehensweise läßt sich auch für die in Locken herabfallenden, mit einer Spange gebändigten Haare feststellen. Die Gravuren dienen also nicht mehr nur als Begrenzungen zwischen den einzelnen Farbpartien, sondern als Mittel um innerhalb dieser Bereich Verzierungen oder Materialunterscheidungen anzudeuten.

Bezug nehmend auf Plinius Beschreibung der Malereientwicklung können Parallelen zur Art der Malerei auf den Stelen gezogen werden. Bestimmend für die Darstellung auf den Stelen ist zwar Linie, doch in der Entwicklung dieser Arbeiten ist eine Loslösung von der Gravur festzustellen. Bei der Columbia-Stele diente sie als Hilfsmittel für die Begrenzung der Umzeichnung. Die Ritzungen wirkten hier noch sehr kompakt und tief. Bei der Untersuchung der übrigen Stelen stellte sich heraus, daß bei der Gestaltung die Farbe mehr und mehr in den Vordergrund trat. Demnach sind diese Arbeiten als Bindeglied zwischen der Strichzeichnung und dem Übergang zur monochromen Malerei anzusehen.

Denkmäler wie diese Stelen unterscheiden sich demnach von der Tafelmalerei nur allein von den unterschiedlichen Materialien des Bildträgers. Wird dieser vorher verputz bzw. grundiert, wie beispielsweise bei der Freskenmalereien, so kann der Stein wie bei der Tafelmalerei bearbeitet werden. Im Fall dieser Stelen wurde nach der Gravur direkt auf den Stein gemalt. Zu recht gemahnt Peter Blome bei der Datierung zur Vorsicht. Nicht alle formalen Unterschiede müssen demnach zeitlich bedingt sein. Auch das Können der Steinmetze muß hierbei berücksichtigt werden.[23] Wenn sich die Produktion der Werkstatt auch auf Jahrzehnte verteilt, so ist

---

[22] Ebd. : S.109

die Verwendung der Stelen zum Schmuck einzelner Grabbauten sicher. Somit sind es Bilder von Verstorbenen in ihrer jeweils typischen Stellung im Diesseits.

---

[23] Peter Blome: S. 49

3. Literaturnachweise

Adams, Lauren: Orientalizing sculpture in soft limestone from Grete and Mainland Greece, Oxford 1978

Blome, Peter: Die Figürliche Bildwelt Kretas in der geometrischen und früharchaischen Periode, Mainz 1982

Dr. Brunn, Heinrich: Geschichte der griechischen Künstler – Die Maler. Die Architekten. Die Toreuten. Die Münzstempelschneider. Die Gemmenschneider. Die Vasenmaler, 2. Band, 2. Auflage, Stuttgart 1889

Prof. Dr. von Graeve, Volkmar: Neue Methoden zur Erforschung antiker Malerei, Sonderdruck aus: Jahrbuch der Ruhr-Universität Bochum, Bochum 1988

Koch. Nadia J.: De picturae initiis - Die Anfänge der griechischen Malerei im 7. Jh. v. Chr., München 1996

König, Roderich (Hg.): C. Plinius Secundus d. Ä.: Naturkunde – Lateinische – Deutsch, 35. Band, 2. Auflage, Darmstadt 1997

Lebessi, A.: Hoi steles tou Prinia, Athen 1976

Matz, Friedrich: Geschichte der griechischen Kunst, Frankfurt 1950

Sakelarikis, J.A.: Museum Hiraklion. Illustrierter Führer durch das Museum, Heraklion 1979

Scheibler, Ingeborg: Griechische Malerei der Antike, München 1994

4. Bildnachweise

Abb.1: Columbia-Stele aus dem Museum of Art and Archaeology, University of Columbia in Missoury

Koch. Nadia J.: De picturae initiis - Die Anfänge der griechischen Malerei im 7. Jh. v. Chr., München 1996

Abb.2: Kriegerstele mit farbigem Schild

Koch. Nadia J.: De picturae initiis - Die Anfänge der griechischen Malerei im 7. Jh. v. Chr., München 1996

Abb. 3: Rekonstruktion der Kriegerstele mit farbigem Schild

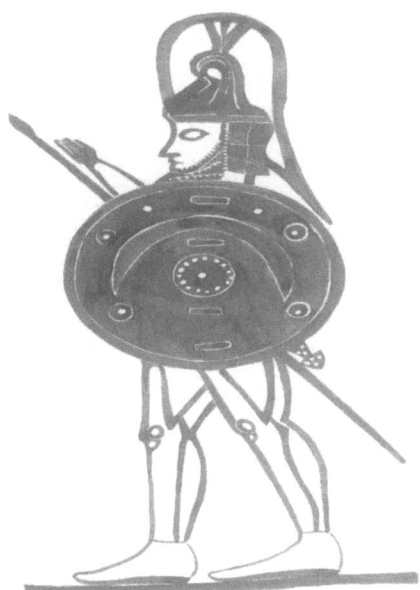

Koch. Nadia J.: De picturae initiis - Die Anfänge der griechischen Malerei
im 7. Jh. v. Chr., München 1996

Abb. 4: Oberkörperfragment

Koch. Nadia J.: De picturae initiis - Die Anfänge der griechischen Malerei
im 7. Jh. v. Chr., München 1996

Abb. 5: Rekonstruktion Oberkörperfragment

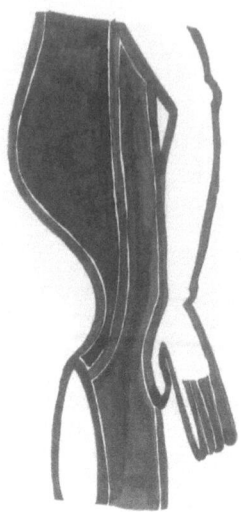

Koch. Nadia J.: De picturae initiis - Die Anfänge der griechischen Malerei im 7. Jh. v. Chr., München 1996

Abb. 6: Frau mit Spindel

Koch. Nadia J.: De picturae initiis - Die Anfänge der griechischen Malerei im 7. Jh. v. Chr., München 1996

Abb.7: Farbige Rekonstruktion von der Stele Frau mit Spindel

Koch. Nadia J.: De picturae initiis - Die Anfänge der griechischen Malerei im 7. Jh. v. Chr., München 1996

Abb. 8: Zwei Fragmente einer Stele mit Frauendarstellung

Koch. Nadia J.: De picturae initiis - Die Anfänge der griechischen Malerei im 7. Jh. v. Chr., München 1996

Abb.9: Rekonstruktion der Stele mit Frauendarstellung

Koch. Nadia J.: De picturae initiis - Die Anfänge der griechischen Malerei im 7. Jh. v. Chr., München 1996

Abb. 10: Kriegerstelenfragmentes mit Adornat

Koch. Nadia J.: De picturae initiis - Die Anfänge der griechischen Malerei im 7. Jh. v. Chr., München 1996

Abb. 11: Rekonstruktion des Kriegerstelenfragmentes mit Adornat

Koch. Nadia J.: De picturae initiis - Die Anfänge der griechischen Malerei im 7. Jh. v. Chr., München 1996